Inhalt

Unbekannte Geldquellen - KMU kennen kaum Fördermittel für bessere Energieeffizienz

Kernthesen

Beitrag

Fallbeispiele

Weiterführende Literatur

Impressum

Unbekannte Geldquellen - KMU kennen kaum Fördermittel für bessere Energieeffizienz

Harald Reil

Kernthesen

- Die Energiekosten schießen in die Höhe und zwingen auch kleine und mittelständische Unternehmen (KMU), zumindest mittelfristig ihren Maschinenpark energieeffizienter zu gestalten.
- Zahlreiche Förderprogramme des Bundes, der Länder und der EU könnten sie dabei unterstützen; doch noch viel zu wenige

Unternehmen nehmen die Hilfe in Anspruch.
- Dabei gibt es zertifizierte EU-Fördermittel-Berater, die im Förderdschungel von insgesamt mehr als 1 200 Programmen für den nötigen Durchblick sorgen könnten.
- Die Zeiten, um Fördertöpfe anzuzapfen, sind so gut wie kaum zuvor. Die KfW-Bankengruppe wird beispielsweise während der nächsten fünf Jahre ihre Mittel für mehr Energieeffizienz drastisch erhöhen.

Beitrag

Bedauerliche Unkenntnis

Es ist noch gar nicht so lange her, da klagten deutsche Firmen vor allem über zu hohe Personalkosten. Mittlerweile steht nicht mehr der teure Mitarbeiter im Fokus, sondern die Energiepreise. Vor allem kleine und mittlere Unternehmen stöhnen unter dieser Last. Seit dem Jahr 2000 hat sich eine Kilowattstunde Strom um 70 Prozent verteuert; und während 2003 die Stromkosten noch 4,3 Prozent an den Gesamtausgaben verursachten, soll dieser Anteil im Jahr 2013 auf 7,6 Prozent steigen. Eine Trendwende ist also nicht in

Sicht. Im Gegenteil: Die von der Bundesregierung unter dem Eindruck des Reaktorunglücks in Fukushima angekündigte Energiewende wird die Preise weiter nach oben treiben. Unternehmen sollten also schon allein aus Eigeninteresse alles daran setzen, energieeffizienter zu arbeiten. Sonst steht ihnen das Wasser bald zum Hals. Doch vor allem KMU scheinen Probleme zu haben, ihren Anlagen- und Maschinenpark entsprechend umzurüsten. Dabei gibt es gleich eine ganze Reihe von Fördermöglichkeiten der Länder, des Bundes und der EU, die sie nutzen könnten. Dass sie das nicht tun, hat mehrere Ursachen, wie die KfW bei einer Umfrage unter 541 Mittelstandsunternehmen festgestellt hat. Dazu zählen anderweitig gebundene Mittel, kein Kapital, zu wenig Zeit, um sich mit der Thematik zu beschäftigen, zu lange Amortisationszeiten und - ganz besonders bedauerlich - Unkenntnis. (1), (2)

Großer Fördermitteltopf

Diesen Missstand beklagt auch Prof. Klaus Weiler, Vorstandssprecher des Bundesverbandes der Fördermittel-Berater e.V. (BvdFB) und rät KMU dringend, die Hilfe von zertifizierten EU-Fördermittelberatern in Anspruch zu nehmen. Und in der Tat: Der Gang zum Experten kann sich lohnen.

Immerhin stellen der Bund, die Länder und die Europäische Union Jahr für Jahr Unternehmen mehrere Milliarden Euro als Kredite, zinsgünstige Darlehen oder Zuschüsse zur Verfügung - in mehr als 1 200 Programmen, auch in den Sparten Umwelt, Energie und Materialeffizienz. (3)

Zurückhaltende Bankberater

Zur Unkenntnis trägt auch bei, dass Bankberater KMU zu selten auf Fördermittel aufmerksam machen. Dabei ist die Nachfrage eigentlich groß. Während der vergangenen fünf Jahre haben immerhin rund fünfzig Prozent der KMU nach geeigneten Fördertöpfen gesucht. Jedoch wurde davon lediglich ein Viertel dieser Unternehmen von Bankberatern zielgerichtet beraten. Wäre die Unterstützung besser, würden sicherlich mehr Mittelständler die angebotenen Fördermittel nutzen, gaben 90 Prozent der Firmenvertreter, die an der Umfrage teilnahmen, zu Protokoll. Diese Ergebnisse, die die beiden Forschungs- und Beratungsunternehmen Evers & Jung sowie YouGovPsychononomics zusammengetragen haben, lassen sich in der Studie "Förderatlas Mittelstand" im Detail nachlesen. Für die Untersuchung befragten die Marktforscher rund 1 600 KMU per Telefon. (4)

KfW-Bank erhöht Fördermittel

Dass die Zeichen für umweltbewusste Unternehmen gut stehen, zeigt sich auch daran, dass die KfW während der nächsten fünf Jahre ihre Fördermittel für Energie gewaltig aufstocken wird. Insgesamt wird die staatliche Bankengruppe 100 Milliarden Euro in die Hand nehmen, um das erklärte Ziel der Bundesregierung - die Energiewende - zu erreichen. Bereits ab nächstem Jahr will die KfW die Förderung zur Optimierung der betrieblichen Energieeffizienz in einem Zentralprogramm vereinen - dem KFW-Energieeffizienzprogramm. Der zur Verfügung stehende Darlehensbetrag wird aller Wahrscheinlichkeit nach beträchtlich aufgestockt. (5)

Trends

Energieeffizienz aus Eigeninteresse

Da die Energiepreise in Zukunft immer stärker anziehen werden, sollte jedes Unternehmen schleunigst alles daran setzen, energieeffizienter zu arbeiten. Wer das nicht tut, wird im Kampf mit der Konkurrenz das Nachsehen haben. Der Marktdruck wird daher von ganz alleine dafür sorgen, dass sich die deutsche Industrie umweltfreundlicher aufstellt. Der grüne Anstrich ist aber noch in anderer Hinsicht von Bedeutung: Er sorgt auch für einen frischeren Glanz beim Image. (1)

Einsparung von 30 Prozent

Das Fraunhofer Forschungsinstitut prognostiziert mittelfristig eine 30-prozentigen Einsparung von Energiekosten, wenn Industrieunternehmen konsequent auf energieeffiziente Technologien setzen. (1), (2)

Fallbeispiele

Überblick über Fördermittel

KMU, die sich einen ersten Überblick über bestehende Fördermittel verschaffen wollen, sind mit der Internetsite www.foerderbank.de bestens beraten. Das Bundesministerium für Wirtschaft und Technologie hat dort alle Programme des Bundes, der Länder und der Europäischen Union gebündelt. Ein Beispiel: Das "Marktanreizprogramm für erneuerbare Energie" hat ein Budget von rund 350 Millionen Euro zur Verfügung, um Solaranlagen, Biomasseanlagen, Wärmepumpen oder Geothermie, also Erdwärme, zu unterstützen. (2)

Energy Star

Das EU-Programm Energy Star gibt Unternehmen Auskunft über energieeffiziente Bürogeräte, und wie sich diese am besten nutzen lassen. Zu finden ist es unter www.eu-energystar.org. (6)

Förderung von Blockheizkraftwerken

Das Programm "Erneuerbare Energie" der KfW-Bank unterstützt mit zinsgünstigen Darlehen von bis zu zehn Millionen Euro den Bau von Blockheizkraftwerken. Das Programm erlaubt unter bestimmten Voraussetzungen auch Tilgungszuschüsse. Außerdem zahlt der Staat dem Unternehmer auf der Grundlage des Kraft-Wärme-Kopplungsgesetzes 30 000 Stunden lang zwischen 5,11 und 1,5 Cent pro Kilowattstunde Strom, gleichgültig, ob die Firma den Strom selbst nutzt oder ihn ins Netz einspeist. (2)

Metallgießerei nimmt KfW-Sonderfonds in Anspruch

Die Mittelrheinische Metallgießerei Heinrich Beyer GmbH & Co. KG mit Sitz in Andernach hat drei ihrer Elektroöfen gegen einen Netzfrequenz-Induktionsrinnenofen ersetzt. Der Grund waren die hohen Energiekosten, die sich Jahr für Jahr im hohen sechsstelligen Bereich beliefen. Geschäftsführer Heinrich Beyer hat zur Finanzierung seiner Neuanschaffung einen Kredit der KfW aus dem "Sonderfonds Energieeffizienz für kleine und mittlere Unternehmen" in Anspruch genommen, den die Förderbank seit 2008 anbietet. Sie subventioniert damit neue Produktionsanlagen, Antriebe und Maschinen, vorausgesetzt diese arbeiten um wenigstens 15 Prozent energieeffizienter als herkömmliche Apparaturen. Weitere Bedingungen: Der Antragsteller muss nachweisen, dass die Ersatzanschaffung den Energieverbrauch verglichen mit seinem Verbrauch der letzten drei Jahre um mindestens 20 Prozent senkt. KMU müssen sich mehrheitlich im Privatbesitz befinden und in Deutschland investieren. Der zinsgünstige Kredit wird in einer Höhe bis zu zehn Millionen Euro und bis zu 100 Prozent der förderfähigen Investitionskosten gewährt. Eine Laufzeit bis zu 20 Jahre ist möglich; unter bestimmten Bedingungen bleiben die ersten drei Jahre tilgungsfrei. Für Heinrich Beyer, der zur Finanzierung seines neuen Ofens einen Kredit von 500 000 Euro aufgenommen hat, hat sich die Investition auf jeden Fall gelohnt. Sein neuer, hochmoderner Ofen verbraucht durchschnittlich 27 Prozent weniger Energie als seine alten drei Elektroöfen. (1)

Weiterführende Literatur

(1) Investieren um zu sparen
aus Creditreform Nr. 08 vom 05.08.2011 Seite 024

(2) Geldspritzen für die Energiewende
aus Frankfurter Allgemeine Zeitung, 29.09.2011, Nr. 227, S. B6

(3) Jede Firma sollte öffentliche Fördermittel und Zuschüsse nutzen
aus EP Nr. Nr. 13 vom 07.07.2011

(4) Banken weisen zu selten auf Förderkredite hin
aus VDI NR. 35 VOM 02.09.2011 SEITE 18

(5) KFW stellt mehr Mittel bereit
aus energate vom 19.09.2011

(6) KOSTEN, SPAR-TIPPS, FÖRDERMITTEL
aus IHK-Magazin - Wirtschaftsnachrichten der IHK Mittlerer Niederrhein Nr. 8 vom 15.08.2011 Seite 22

Impressum

Unbekannte Geldquellen - KMU kennen kaum Fördermittel für bessere Energieeffizienz

Bibliografische Information der deutschen Nationalbibliothek

Die Deutsche Nationalbibliothek verzeichnet diese Publikation in der deutschen Nationalbibliografie; detaillierte bibliografische Daten sind im Internet über http://dnb.d-nb.de abrufbar.

ISBN: 978-3-7379-1527-4

© 2015 GBI-Genios Deutsche Wirtschaftsdatenbank GmbH, Freischützstraße 96, 81927 München, www.genios.de

Alle Rechte vorbehalten. Dieses Werk ist einschließlich aller seiner Teile – z.B. Texte, Tabellen und Grafiken - urheberrechtlich geschützt. Jede Verwertung außerhalb der Grenzen des Urheberrechtsgesetzes bedarf der vorherigen Zustimmung des Verlags. Dies gilt insbesondere auch für auszugsweise Nachdrucke, fotomechanische

Vervielfältigungen (Fotokopie/Mikroskopie), Übersetzungen, Auswertungen durch Datenbanken oder ähnliche Einrichtungen und die Einspeicherung und Verarbeitung in elektronischen Systemen.